TABLEAUX

ANCIENS & MODERNES

OBJETS D'ART & DE CURIOSITÉ

CHEVAUX — VOITURES

VINS FINS

*Appartenant à M. D*** emidoff.*

Vente en son Hôtel, 35, rue Jean-Goujon

PARIS — 1869

CATALOGUE

DE

TABLEAUX

ANCIENS & MODERNES

OBJETS D'ART

ET DE CURIOSITÉ

Statue antique en marbre blanc ;
Six magnifiques Colonnes en marbre vert antique ;
Boiserie de boudoir Louis XV ;
Superbe Tapisserie des Gobelins, d'après les dessins de Leprince :
Autres Tapisseries ;
Vitraux, — Meubles en bois sculpté ;
Volume aux armes de Henri II et de Diane de Poitiers :
Bronzes d'art et d'ameublement ;
Armes anciennes ; — beaux Fusils de chasse ;
Vases grecs ; — Porcelaines et Objets variés ;

Chevaux trotteurs russes et anglais ; — Voitures ;
Huit mille Bouteilles de Vins fins

*Appartenant à M. D****

ET DONT LA VENTE AURA LIEU

En son Hôtel, rue Jean-Goujon, n° 35

Les Jeudi 1er, Vendredi 2 et Samedi 3 Avril 186

A DEUX HEURES.

Par le ministère de Me **CHARLES PILLET**, Commissaire-Priseur,
10, rue de la Grange-Batelière,

Assisté pour les Tableaux de M. **HARO**, Peintre-Expert, Chevalier de la Légion d'honneur,
14, rue Visconti,

Pour les Objets d'Art de M. Charles **MANNHEIM**, Expert, 7, rue Saint-Georges,

Et pour les Chevaux et Voitures, de M. **CHÉRI**, rue de Ponthieu, 49.

EXPOSITIONS

Particulière	*Publique*
LES LUNDI 29 ET MARDI 30 MARS 1869	LE MERCREDI 31 MARS 1869

DE UNE HEURE A CINQ HEURES

CONDITIONS DE LA VENTE

Elle sera faite au comptant.

Les acquéreurs payeront, en sus des adjudications, *cinq pour cent*, applicables aux frais.

Ce Catalogue se distribue :

A *Paris*, chez MM. Charles Pillet, Commissaire-priseur, 10, rue Grange-Batelière.

— Haro, Peintre-Expert, 14, rue Visconti.

— Charles Mannheim, Expert, 7, rue Saint-Georges.

— Chéri, rue de Ponthieu.

Paris. — Typ. Pillet fils aîné, rue des Grands-Augustins, 5.

ORDRE DES VACATIONS

Le Jeudi 1er *Avril*, **Objets d'art et de curiosité.**

Le Vendredi 2 *Avril*, **Tableaux**, à deux heures précises ;

— **Chevaux et Voitures**, à quatre heures.

Le Samedi 3 *Avril*, **Vins fins.**

Nous avons cru devoir nous dispenser d'une notice, en présentant ces tableaux choisis avec un goût exceptionnel.

Ils ont été achetés aux ventes les plus célèbres qui ont eu lieu depuis quelques années.

Nous nous sommes contenté d'indiquer leur provenance, convaincu qu'elle suffirait pour éveiller l'attention et l'intérêt de nos amateurs les plus sérieux et les plus distingués.

HARO.

TABLEAUX

BACKUYSEN

(LUDOLPH)

1 — **Marine. L'approche de la tempête.**

Sur une mer houleuse, plusieurs barques et vaisseaux fuient devant l'orage.

Signé du monog. L. B sur le guidon de la barque qui est au premier plan et daté sur le tonneau 1706.

Collection du roi de Bavière.

Toile. Haut., 65 cent.; larg., 94 cent.

BOL

(FERDINAND)

2 — **Portrait d'un bourgmestre et de sa femme**.

Ils sont représentés assis regardant le spectateur et de grandeur naturelle.

Peinture énergique et vigoureuse.

Beau faire du maître.

Signé sur le pilastre du monog. F. B.

Toile. Haut., 1 mèt. 35 cent.; larg., 1 mèt. 75 cent.

CHRISTOPHSEN

(PÉTRUS)

3 — **La Vierge, l'Enfant Jésus et saint Joseph**.

Bois. Haut., 70 cent.; larg., 50 cent.

COQUES

(GONZALÈS)

4 — **Portrait d'un gentilhomme debout dans un parc.**

Daté, en bas, à gauche 1653.

Bois. Haut., 53 cent.; larg., 41 cent.

DOV

(GÉRARD)

5 — **Portrait d'une petite fille.**

Elle tient de la main gauche un livre. De la main droite elle fait un geste et elle regarde presque de face. Tête nue et cheveux blondins.

Vrai bijou.

Signé : Dov. (Le D faisant monog. avec le G.)

Galerie Pommersfelden.

Vente Khalil-Bey.

Porté aux catalogues de 1719 et de 1646, n° 535 du catalogue de 1857, n° 23 du catalogue de la galerie Pommersfelden.

Bois ovale. Haut., 15 cent.; larg., 11 cent.

DOV

(GÉRARD)

f. 300.

6 — **Le Géographe.**

Ce tableau est remarquable dans l'œuvre de ce peintre, attendu sa dimension; rarement il a exécuté une figure aussi grande.

Bois. Haut., 38 cent.; larg., 31 cent.

GREUZE

(JEAN-BAPTISTE)

7 — **Portrait d'homme.**

Il est représenté assis, écrivant et de grandeur naturelle.

Ce tableau ainsi que les autres Greuze ont été achetés directement à ce peintre par le grand père de M. D***.

Toile. Haut., 91 cent.; larg., 71 cent.

GREUZE

(JEAN-BAPTISTE)

8 — **Jeune fille.**

Une jeune fille a ouvert la cage, elle entr'ouvre ses vêtements pour réchauffer les petits oiseaux qu'elle élève.

Toile. Haut., 38 cent.; larg., 31 cent.

GREUZE

(JEAN-BAPTISTE)

9 — **Portrait de jeune garçon.**

Charmante tête d'enfant, exécution en pleine pâte qui rappelle la manière brossée et hardie du maître.

Toile. Haut., 39 cent.; larg., 31 cent

GREUZE

(JEAN-BAPTISTE)

10 — **Jeune fille.**

Elle est vue de face, la tête appuyée sur sa main, dans un négligé du matin.

Toile. Haut., 39 cent.; larg., 31 cent.

GREUZE

(JEAN-BAPTISTE)

11 — **Jeune fille.**

Elle est représentée de trois quarts, un ruban bleu retient sa chevelure, et sa chemisette entr'ouverte laisse voir une épaule et la poitrine.

Exécution très-terminée.

Toile. Haut., 43 cent.; larg., 35 cent.

JANSON VAN CEULEN

(ÉCOLE HOLLANDAISE)

1.100

12 — **Portrait de femme.**

Toile. Haut., 1 mèt. 8 cent.; larg., 88 cent.

KEYSER

(THÉODOR DE)

13 — **Portrait d'une jeune Hollandaise.**

Signé à gauche du monog. et daté 1638.
Même année que le chef-d'œuvre du Musée de La Haye.
Les quatre bourgmestres.
Gravé par Suyderhoef.

Cuivre. Haut., 26 cent.; larg., 22 cent.

MEER

(JAN VAN DER)

OU

VERMEER DE DELFT

14 — Concert avec trois personnages. Intérieur d'un salon hollandais.

Une jeune fille, vue de profil, touche du clavecin. Un gentilhomme, vu de dos, pince de la mandoline. A droite, une jeune femme chante en battant la mesure. Divers accessoires.

Vente de la baronne Van Leyden. Paris 1804.

Toile. Haut., 67 cent.; larg., 60 cent.

MEER

(JAN VAN DER)

OU

VERMEER DE DELFT

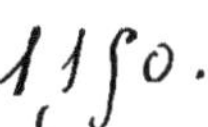

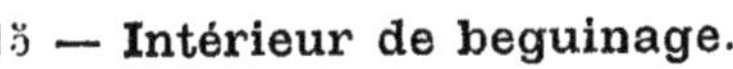

15 — Intérieur de beguinage.

Une femme en coiffe blanche, appuyée sur un battant d'une porte, regarde dans l'intérieur de la communauté.

Vente Reydon. Amsterdam 1817.

Signé, en bas, à gauche.

Bois. Haut., 27 cent.; larg., 35 cent.

MIEREVELT

(M.)

16 — **Dame de qualité, tenant à la main son chasse-mouches.**

Signé et daté, M. Mierevelt, 1629.

Bois. Haut., 1 mèt. 11 cent.; larg., 85 cent.

MIÉRIS

17 — **Le Capitan.**

Il est représenté debout, cuirassé et la main appuyée sur une grande épée.

Bois. Haut., 17 cent. 1/2; larg., 13 cent.

MURILLO

(BARTOLOMÈS-ESTÉBAN)

18 — Saint Joseph et l'enfant Jésus

Saint Joseph, tenant un rameau, donne la main et marche avec l'enfant Jésus, dont la tête est rayonnante, et qui lui adresse la parole.

Le fond offre un paysage peu varié, chargé d'une grande fabrique, et terminé au loin par des montagnes.

Ce petit tableau est exceptionnel dans l'œuvre du maître, non-seulement par sa composition, la largeur de l'exécution, mais encore par sa petite dimension, qui en font un morceau exquis facile à caser.

Vente Pourtalès.

Toile. Haut., 27 cent.; larg., 22 cent.

NEER

(A VAN DER)

19 — Crépuscule.

A droite, de grands arbres au bord d'un canal, où l'on voit les derniers reflets du soleil couchant. Plus loin, à droite, quelques chaumières. A gauche, une route sous bois. Ciel nuageux.

Dans le fond, le clocher d'une église, des figures, des barques, des canards, animent ce paysage.

Bois. Haut., 47 cent.; larg., 61 cent.

OSTADE

(ADRIEN VAN)

20 — **Intérieur villageois.**

Un homme et une femme près d'une cheminée; à gauche, la lumière entre par une porte mi-ouverte.

Signé, en bas, à gauche : A. V. Ostaden, 1636. (Le V rattaché à l'A en monog.) L'orthographe Ostaden a souvent été employée par Ostade dans sa première manière.

Galerie Pommersfelden.

Bois. Haut., 36 cent.; larg., 29 cent.

PETENKOFFEN

21 — **L'Avant-Garde (cavaliers Autrichiens).**

Délicieux petit tableau d'une vérité et d'un fini merveilleux.

Signé : Petenkoffen et daté à gauche.

Bois. Haut., 15 cent.; larg., 21 cent.

RICARD

22 — **Nymphe poursuivie par un Satyre.**

Toile. Haut., 1 m. 14 cent.; larg., 1 m. 04 cent.

RUYSDAEL

(JACQUES)

23 — **Paysage.**

La vue de ce paysage est prise d'un endroit élevé qui permet aux regards de l'embrasser tout entier.

C'est une vaste plaine à demi couverte de bois. Dans le fond, on aperçoit le toit d'un château, puis le clocher d'une église.

Le premier plan est une sorte de terrain vague bordé de haies et de murailles se rattachant à des bâtiments de ferme, et animé par quelques figures. Des nuages épais amoncelés au ciel laissent échapper un large rayon de soleil.

Au coin, à gauche, on lit le monog. J.R.

Collection du duc de Morny.

Bois. Haut., 37 cent.; larg., 42 cent.

TERBURG

(GÉRARD)

24 — **Portrait d'un gentilhomme.**

Debout à mi-corps, tourné de trois quarts, à droite. La main gauche tient les gants en avant; la droite, cachée par le manteau, est appuyée sur la hanche; col uni et rabattu; manteau et costume noirs.

Longs cheveux et moustaches.

Signé à droite, sur le fond, du monog. (E. B.).

Galerie Salamanca.

Toile. Haut., 28 cent.; larg., 23 cent.

TITIEN

(?)

25 — **Paul III.**

Réplique.

Toile. Haut., 1 m. 15 cent.; larg., 1 m. 01 cent.

VELAZQUEZ

26 — **L'Infante Marie-Thérèse.**

Réplique.

Provient du musée Standish.

Collection Louis Philippe.

VELDE

(ADRIEN VAN DE)

27 — **Paysage et animaux.**

Au premier plan, un jeune pâtre se livre au plaisir de la pêche, des moutons, des bœufs et des chèvres animent cette composition. Au fond à gauche une hutte construite entre des arbres.

Signé à gauche et daté sur un tronc d'arbre : A. V. de Velde fecit 1664.

Toile. Haut., 36 cent.; larg., 43 cent.

VÉRONÈSE

(PAOLO CALIARI, DIT PAUL)

28 — **Portrait de sa fille.**

Elle est vue de deux tiers, tenant un livre entr'ouvert de la main gauche, et posant la main droite sur une table, près d'un épagneul assis.

Son vêtement consiste en une robe ouverte, bleu clair; garnie de bouffants d'épaules, et recouvrant un dessous rayé de bleu et de blanc. Sa chevelure est blonde et relevée : son col porte une petite fraise.

Ce tableau, qui appartenait anciennement au célèbre physicien Jean de Hautefeuille, était entré depuis dans la galerie d'Orléans.

Vente Pourtalès.

Toile. Haut., 1 m. 06 cent.; larg., 81 cent.

VÉRONÈSE

29 — **Portrait d'homme.**

Il est représenté debout.

Toile. Haut., 58 cent.; larg., 48 cent.

VERSPRONCK

(JEAN)

1340. 30 — **Portrait de femme.**

Signé et daté, J. Verspronck, 1635.

Conservation remarquable.

Toile. Haut., 1 mèt. 28 cent.; larg., 95 cent.

VETTER

5,900 31 — **Le Compliment.**

Signé à gauche et daté, Heg. Vetter, 1860.

Bois. Haut. cent.; larg., cent.

VETTER

6.800. 32 — **Le récit.**

Signé au bas à droite, Heg. Vetter.

Bois. Haut., cent.; larg., cent.

WOUWERMAN

(PHILIPS)

33 — **La chasse aux canards.**

Au premier plan, un paysan remplit de sable une charrette attelée à un cheval roux.

A gauche un grand arbre aux feuilles légères. Un cavalier, en justaucorps bleu et coiffé d'un chapeau à larges bords, vient de mettre pied à terre et rattache ses éperons. Son cheval est au repos et un manteau rouge recouvre la selle. Plus loin, suivant les sinuosités de la route, un cavalier et d'autres figures regardent un chasseur à l'affût dans les roseaux.

Le ciel est parsemé de nuages éclairés par le soleil.

Vente Khalil-Bey.

Bois. Haut., 36 cent.; larg., 32 cent.

BOUCHER

(FRANÇOIS)

34 — **Dessin sanguine.**

Etude pour la chaste Suzanne.

RAFFET

(AQUARELLE)

35 — **Le spahis.**

Signé à droite Raffet.

San-Donato, 21 octobre 1856.

CURIOSITÉS

SCULPTURES ET BRONZES D'ART

1 — Marbre blanc. — Statue d'un jeune faune vêtu de la nebris et couronné de pin ; il se retourne en riant vers une petite panthère qu'il saisit par la queue en la menaçant d'un pedum dont sa main est armée.

Cette charmante figure, de travail antique grec, a été publiée dans les ouvrages suivants : Robillard Pérouville et Laurent, *Musée français*, pl. XLVI. — Visconti, *Opere varie*, etc., IV, vol. 14. — Le même, *Notice des ant. du musée Napoléon*, N° 49. — Filhol, *Galerie du musée Napoléon*, IX, pl. DCVI. — De Clarac, *Musée de sculpt. ant. et mod.*, pl. DCCXI, N° 1697 (A).

Elle provient des collections Crawfurt et de Pourtalès.

Haut., 1 m. 45 cent.

2 — Marbre vert antique. — Six magnifiques colonnes avec embases et chapiteaux corinthiens en marbre blanc sculpté. Suite exceptionnelle et de la plus grande rareté.

Haut., 2 m. 95 cent.

3 — Deux grands et beaux marteaux de porte italiens en bronze ; Neptune et Vénus entre deux dauphins.

4 — Deux jolies figurines en bronze ; Faunes debout, d'après les antiques de la Galerie de Florence.

BOISERIES ET MEUBLES

5 — Belle boiserie de boudoir Louis XV en bois très-finement sculpté et doré sur fond rehaussé de blanc. Les encadrements des portes se composent de branches et de festons de fleurs découpés à jour.

Cette boiserie est accompagnée de deux consoles, ou touchères en bois sculpté et doré à têtes de béliers et festons de fleurs et de fruits.

6 — Petit meuble dressoir en bois sculpté du XVIe siècle, orné des figures de la Justice et de l'Abondance sculptées en bas-relief et décoré d'ornements et de cariatides.

7 — Très-grand meuble à deux portes et tiroirs en bois sculpté à pilastres et fronton et enrichi de figures de saints personnages et ornements. XVIIe siècle.

Larg., 2 m. 40 cent.

8 — Baromètre placé dans une cage en bois sculpté du temps de Louis XIV, ornée de la figure du Temps reposant sur un socle légèrement cintré sculpté à mascaron et ornements. Le haut est surmonté de deux figures d'amours et du Soleil de Louis XIV, et la pièce repose sur une gaine aussi en bois sculpté. Beau travail.

Haut. totale, 2 m. 45 cent.

9 — Horloge de même style et de travail analogue faisant pendant à la pièce qui précède. Elle est de travail moderne.

Haut. totale, 2 m. 45 cent.

10 — Deux appliques en glace gravées à figures et cadres en bois sculpté et doré. Travail italien.

11 — Joli lustre du temps de Louis XIV en bois sculpté à huit lumières; les branches sont composées de cariatides de femmes ailées et le lustre est surmonté d'une figure de Renommée.

12 — Belle console du temps de Louis XIV en bois sculpté à cariatides de femmes et ornée d'une figure de Génie sonnant de la trompette.

13 — Deux miroirs de Venise à bordures de forme octogone gravées.

14 — Très-grande glace de Venise à fronton et ornements découpés, avec large bordure gravée.

15 — Grand coffre en bois de chêne sculpté à figures, cariatides et ornements. Travail italien du XVIe siècle.

16 — Trois chaises en bois noir incrusté d'ivoire. Travail italien.

17 — Grand et beau lit à quatre colonnes et baldaquin, en bois sculpté dans le style de la Renaissance.

18 — Deux meubles à hauteur d'appui et à deux portes en marqueterie genre boule garnis de bronze doré.

TAPISSERIES

19 — Très-grande et magnifique tapisserie des Gobelins, représentant une scène de style oriental d'après Leprince, composée d'un grand nombre de personnages en riches costumes.

Cette tapisserie est remarquable par la beauté de sa composition et son état parfait de conservation.

Haut., 1 m. 45 cent.; larg., 6 m. 55 cent.

20 — Deux belles tapisseries de Beauvais représentant divers épisodes tirés de l'histoire de Don Quichotte.

21 — Quatre belles portières en tapisserie de Beauvais représentant des scènes analogues à celles qui précèdent.

BRONZES D'AMEUBLEMENT

22 — Pendule du temps de Louis XVI, en bronze doré au mat et marbre blanc, modèle à consoles. Elle est surmontée d'un médaillon ovale représentant le buste de Marie-Antoinette en biscuit de porcelaine.

23 — Deux jolis flambeaux du temps de Louis XVI, formés de figurines d'enfants debout en bronze doré au mat sur socles en marbre blanc.

24 — Deux grands et beaux bras de cheminée du temps de Louis XV en bronze doré, modèle rocaille à trois lumières.

25 — Deux bras analogues à ceux qui précèdent, mais à deux lumières.

26 — Deux beaux chenets du temps de Louis XIV en bronze doré, chevaux au galop; sur socles carrés garnis aux angles de dauphins debout.

27 — Deux grands et beaux chenets du temps de Louis XV en bronze; enfants musiciens sur socles riches, modèle rocaille.

28 — Deux beaux chenets du temps de Louis XIII en bronze, modèle à vase ovoïde à godrons et bustes en relief; sur socles triangulaires en bronze et consoles en fer forgé.

28 *bis* — Deux jardinières ou vases cylindriques en porphyre rouge oriental avec moulure en marbre blanc et garnitures en bronze doré. Époque Louis XVI.

VITRAUX

29 — Grand et beau vitrail représentant au centre une figure allégorique de l'Espérance entourée d'écussons armoriés. A droite et à gauche les figures de la Foi, de la Charité et de saints personnages. Date de 1655.

30 — Deux autres jolis vitraux portant des écussons armoriés ainsi que diverses figures. Ils portent les millésimes de 1573 et de 1578.

31 — Beau vitrail représentant la Vierge debout et saint Sébastien martyr. Date de 1554.

32 — Vitrail portant les armes de la ville de Rapperschwill surmontées du blason de l'Empire ainsi que deux figures de saints personnages. Date de 1609.

ARMES OCCIDENTALES

33 — Épée à large lame et poignée très-curieuse portant diverses figures et des ornements incrustés en or et en argent. La lame porte l'inscription suivante : VLADISLAZS. KONASEVICIO. KOSVOVIO. AD. CSOXIMUM CONTRA OSMANUM.

34 — Grande épée à large garde incrustée d'argent et coquille dorée repercée à jour.

35 — Grande épée à quillons courbes en fer noir. XVIe siècle.

36 — Épée à triple garde en fer composée d'enroulements.

37 — Épée de la fin du XVIe siècle à garde en fer noir ciselé et fusée repercée à jour.

38 — Deux épées de duel allemandes à très-larges gardes garnies d'étoffe.

39 — Épée à garde repercée à jour et composée de figures et d'enroulements. La lame porte les noms : FEDERICO PICININO.

40 — Épée du XVIe siècle à triple garde unie.

41 — Sabre à lame droite avec poignée se terminant par une tête d'aigle en fer, à feuillages dorés.

42 — Sabre d'écuyer tranchant à large lame portant des sujets de chasse gravés. Le fourreau est garni en fer repoussé. Travail allemand.

43 — Deux dagues, dont l'une à lame striée repercée à jour.

44 — Deux pistolets de Gastine-Renette avec monture en bois d'ébène.

45 — Amorçoir en ivoire sculpté à sujets de chasse.

46 — Épieu de chasse à long manche.

47 — Quatre épées de combat.

ARMES ORIENTALES

48 — Sabre à lame courbe en damas; poignée en morse garnie en damas damasquiné en or.

49 — Sabre analogue à celui qui précède.

50 — Autre sabre analogue, mais à garde unie.

51 — Couteau birman garni d'argent.

52 — Hache d'armes en damas damasquiné en or.

53 — Poignard à lame courbe en damas; poignée et fourreau en argent doré.

54 — Poignard à lame courbe; poignée et fourreau en argent repoussé à fleurs et ornements.

55 — Poignard circassien garni en argent niellé; poignée en ivoire incrustée d'or et enrichie de turquoises.

56 — Poignard à lame courbe avec poignée en damas portant des inscriptions en relief.

57 — Poignard à lame courbe en damas gravé; poignée damasquinée en or.

58 — Petit poignard avec poignée indienne en bois sculpté, fourreau et garniture en argent.

59 — Poignard à lame droite en damas gravé et doré; poignée en buffle.

60 — Kriss malais à lame en damas.

FUSILS DE CHASSE

61 — Très-beau fusil anglais de Ch. Lancaster, transformé en fusil à bascule.

62 — Autre beau fusil de Ch. Lancaster, transformé en fusil à bascule.

63 — Beau fusil de James Purdey.

64 — Autre beau fusil de James Purdey.

65 — Beau fusil de Ch. Lancaster, cal. 10.

66 — Beau fusil de M. Blanchard, cal. 16, avec canon anglais.

67 — Carabine de Jansen, de Bruxelles.

68 — Fusil de Jansen, de Bruxelles, cal. 12.

69 — Fusil de Lindenschmit, de Mayence, cal. 12.

70 — Fusil de Lejeune, cal. 12.

71 — Carabine à baguette de Gastine-Renette.

72 — Fusil à baguette de Ch. Lancaster, cal. 16.

73 — Fusil à baguette de Devisme, cal. 12.

PORCELAINES

74 — Groupe en ancienne porcelaine de Saxe : Bacchus.

75 — Deux candélabres en porcelaine moderne de Saxe.

76 — Vingt figurines variées en porcelaine moderne de Saxe et autres.

77 — Deux groupes de figures en porcelaine moderne.

78 — Grand lustre à trente-six lumières en porcelaine de Saxe moderne, orné de groupes de fleurs.

79 — Jardinière cintrée en faïence de Lorraine et décor en camaïeu rouge.

80 — Deux très-grands vases en porcelaine de Saxe moderne ornés de figures de femmes et d'amours.

81 — Deux vases sur piédouche élevé et à anses double serpent en porcelaine de Saxe décorées de sujets et trophées de chasse et portant les armes de Saxe et de Pologne.

81 *bis* — Deux vases modèle balustre en ancienne porcelaine de l'Inde, décorés de corbeilles de fleurs en couleurs et or avec branchage et écureuils et relief. Les anses sont formées de dragons.

OBJETS VARIÉS

82 — Epiphanii. — Episcopi Constantine Cypri contra octoginta haereses opus et alia opuscula graece (cura Oporini). Basileae, J. Hervagius, 1544; in-fol. mar. citr. fil. comp. tr. dor. fermoirs.

Première édition. — Superbe reliure, admirablement exécutée. Les chiffres et tous les emblêmes adoptés par le roi Henri II et Diane de Poitiers sont merveilleusement combinés dans les ornements de la reliure. On peut voir la fidèle reproduction qui en a été faite à l'eau forte dans l'*Histoire de la Bibliophilie*, gr. in-8, 8° livraison.. — Ce beau volume provient de la bibliothèque de M. Double.

Il est placé dans une petite vitrine montée en argent.

83 — Assiette en émail de Limoges ; peinture en émaux de couleurs et sur paillons représentant au centre le sujet d'Absalon. xvi° siècle.

84 — Coupe ronde en onyx d'Algérie, montée sur pied ciselé doré en partie et enrichie de grenats.

85 — Vase modèle balustre en émail cloisonné de la Chine à fleurs de couleurs sur fond bleu turquoise.

86 — Deux écrans en jade verdâtre sculptés à figures et paysages ; monture en bronze.

87 — Deux écrans analogues à ceux qui précèdent, mais plus petits.

88 — Statuette de jeune fille en terre cuite ; la Fidélité.

89 — Petite gourde en grès de Flandre émaillé gris, bleu et violet, décorée de fleurs, soleils et fleurs de lys en relief.

90 — Deux vases péruviens en terre grise et noire.

90 *bis* — Plat en étain de F. Briot, portant au revers la médaille de cet artiste.

VASES GRECS

91 — Oxybaphon. — (Vase en forme de cloche renversée.) — Basilicate. — Peinture jaune sur fond noir. — Bordure de myrte et palmettes sous les anses.

La panse représente une scène de préparation de départ pour une fête de Bacchus.

92 — Oxybaphon. — Basilicate. — Peinture rouge sur fond noir. — Bordure de myrte et palmettes sous les anses.

Sur la panse : scène d'initiation aux mystères de Bacchus.

93 — Oxybaphon. — Basilicate. — Peinture jaune sur fond noir. — sujet analogue à celui du vase qui précède.

94 — Oxybaphon. — Basilicate. — Figures rouges sur fond noir. — Scène d'offrande.

95 — Oxybaphon. — Figures rouges sur fond noir. — Sur la panse, scène d'initiation.

96 — Oxybaphon. — Basilicate. — Figures rouges sur fond noir. — Sujet héroïque.

97 — Oxybaphon. — Basilicate. — Peinture rouge sur fond noir. — Scène d'initiation.

98 — Oxybaphon. — Basilicate. — Peinture jaune sur fond noir. — Scène d'offrande.

99 — Oxybaphon. — Basilicate. — Figures rouges sur fond noir. — Scène d'offrande.

100 — Oxybaphons. — Cinq vases. — Basilicate. — Figures rouges sur fond noir. — Sujets variés.

101 — Oxybaphons (Petits). — Huit vases. — Peintures rouge et jaune sur fond noir. — Sujets variés.

102 — Œnochœ. — Quatre vases à goulot à trèfle. — Basilicate. — Peintures rouge et jaune sur fond noir. Sujets variés.

103 — Hydrie. — Basilicate. — Peinture rouge sur fond noir. — Figures et emblèmes.

104 — Seize petits vases de diverses formes en terre de la Basilicate, à peintures rouges et jaunes sur fond noir. Ce lot sera divisé.

ÉTALONS TROTTEURS RUSSES*

CHEVAUX D'ATTELAGE

---

1 — **N** —, entier russe, noir, âgé; vite trotteur; s'attelle seul.

2 — **N** —, entier russe, noir, âgé; vite trotteur; s'attelle seul.

Ces deux chevaux forment un attelage de trotteurs très-remarquable.

3 — **N** —, bai, 12 ans; s'attelle seul.

4 — **N** —, bai, 9 ans; s'attelle seul.

Ces deux chevaux forment un excellent attelage.

VOITURES

1 — Une belle **Berline** à huit ressorts, par Peters, de Londres.

2 — Une **Voiture** dite **Wagonnette** à quatre roues, par Peters, de Londres.

* Les acquéreurs paieront en sus des adjudications 10 centimes par franc applicables aux frais.

3 — Une jolie **Victoria**, par Peters, de Londres.

4 — Un charmant **Royal-Mail-Coach**, par Peters, de Londres.

5 — Un **Phaéton** presque neuf, par Peters, de Londres.

6 — Un **Cabriolet** à deux roues, par Binder.

7 — Une **Victoria** en bon état, par Binder.

8 — Un **Duc** pour demi-Daumont, par Binder.

9 — Un **Dorsay**, par Binder.

10 — Un très-beau **Break**, par Binder.

OBJETS DE SELLERIE

11 — Selles, Brides, Couvertures, etc.

12 — Divers lots d'Objets de sellerie.

VINS

		BOUTEILLES.
1	— Château Saint-Julien (Michaelsen)	253
2	— Saint-Julien ordinaire	12
3	— Château Saint-Georges	165
4	— Léoville (1846)	301
5	— — (1848)	151
6	— — (1841)	12
7	— — (John Arthus)	9
8	— — (1847)	12
9	— Château Rauzan (1846)	62
10	— — (1862)	213
11	— Durefort Vivien (1848)	511
12	— Château-Latour (1862)	238

		BOUTEILLES.
13	— Château Larose (1862)	118
14	— Haut Brion (1840)	200
15	— — (1846)	48
16	— — (Cuvillier)	12
17	— Paulliac ordinaire	212
18	— Branne Mouton	2
19	— — (Mermau)	119
20	— Château Laffitte (sans date)	13
21	— — (1846)	50
22	— — (1848)	87
23	— — (1844)	56
24	— Château Margaux (1848)	10
25	— — (1836)	10
26	— Bordeaux (café Anglais)	52
27	— Bordeaux (Michaelsen, supposé Léoville, 1848)	347
28	— Latour blanche	24
29	— Cos Destournelle (1848)	141
30	— Bordeaux vieux	17
31	— Bordeaux ordinaire 1er	2000
32	— Château d'Yquem (1847). Lus Saluces)	8
33	— — (1861)	101
34	— — (1862)	96
35	— — (Mermau)	14
36	— Rochers de Sauterne (1862)	329

	BOUTEILLES.
37 — Chambertin (1858)	18
38 — Vosnes (1861)	147
39 — Hermitage	48
40 — Bourgogne, supposé Mercurey	200
41 — — ordinaire	52
42 — Tavel	77
43 — Moselle mousseux	57
44 — — (Obazinski)	79
45 — — ordinaire	46
46 — Assmannshauser mousseux	2
47 — Champagne Magnum	12
48 — Champagne Jacquesson	149
49 — Château Sillery	61
50 — Fleur de Champagne (Obazinski)	3
51 — Frontignan	262
52 — Château Pape-Clément (1825)	94
53 — Italie (Marsala)	150
54 — Porto (Cuvellier)	36
55 — Xérès (Duglas et Sylvestre)	12
56 — Madère	44
57 — Eau-de-vie du Cap	34
58 — Kirsch	7
59 — Chartreuse	4
60 — Curaçao (cruchons)	3

	BOUTEILLES
61 — Bitter américain	1
62 — Liqueur Turco	15
63 — Marasquin	2
64 — Punch	1
65 — Echantillons divers	132
66 — Sirop framboise	1
67 — Menthe glaciale	1

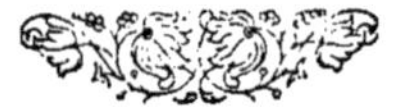

www.ingramcontent.com/pod-product-compliance
Ingram Content Group UK Ltd.
Pitfield, Milton Keynes, MK11 3LW, UK
UKHW022141170726
13837UKWH00004B/1697

9 782329 511948